¿QUIÉN GANARÁ?

OSO POLAR

VS.

OSO GRIZZLY

JERRY PALLOTTA

ILUSTRADO POR
ROB BOLSTER

Scholastic Inc.

Por su autorización para usar sus fotografías en este libro,
la casa editorial agradece a:

Page 14: © John Warden / AlaskaStock.com; page 15: © Alaska Stock Images / National
Geographic Stock; page 20: Courtesy of Dave Newbury, Department of Anatomy / Universi
of Bristol; page 21: Courtesy of Cooper Landing Museum; page 22: © Miles / Corbis;
page 23: © Michio Hoshino / Minden Pictures

Gracias a mis asistentes de investigación, Olivia Packenham y Will Harney.
Y gracias a la autora Shelley Gill por un trillón de historias sobre osos.

—J.P.

A mi "Oso Corredor", Luke.

—R.B.

Originally published in English as *Who Would Win?: Polar Bear Vs. Grizzly Bear*

Translated by Eida de la Vega

Text copyright © 2010 by Jerry Pallotta
Illustrations copyright © 2010 by Rob Bolster
Translation copyright © 2016 by Scholastic Inc.

ISBN 978-0-545-92596-9

10 9   20

Printed in the U.S.A.   40

First Spanish printing 2016

Durante el largo invierno ártico, los osos polares y los osos grizzly viven lejos uno del otro. Pero durante los meses de verano, mientras buscan alimentos, los osos polares y los osos grizzly a veces coinciden en el mismo lugar.

¿Qué pasaría si se encontraran? ¿Qué pasaría si pelearan? ¿Quién ganaría?

NOMBRE CIENTÍFICO DEL OSO POLAR
"Ursus maritimus"

Conoce al oso polar. Los osos polares están considerados animales marinos. Son mamíferos que pasan casi todo el tiempo en el mar helado. Prefieren vivir cerca de una masa de hielo. Son los osos más grandes que existen.

DATO CURIOSO

No hay osos polares en la Antártida.

RECUERDA

Osos polares: Polo Norte
Pingüinos: Polo Sur
No hay pingüinos en el Ártico.

Conoce al oso grizzly. Los osos grizzly son mamíferos que viven en tierra. Puedes distinguirlos por la joroba que tienen en el lomo. Ese es un músculo que usan para cavar.

¿SABÍAS ESTO?

No hay osos grizzly en el hemisferio sur.

Lo sentimos, oso negro. No estás en este libro porque no eres tan grande ni tan feroz como los osos grizzly y los polares.

Olvídalo, panda gigante. Eres un herbívoro y no puedes enfrentarte ni a un oso grizzly ni a un oso polar.

Los osos polares tienen la pelambre blanca como la nieve. Ese color les permite confundirse con lo que les rodea: nieve, aguanieve y hielo.

PELAMBRE BLANCA

NOMBRES DEL OSO POLAR

Oso de los hielos, nanuq, oso blanco, oso marítimo

¿SABÍAS ESTO?

La pelambre del oso polar es traslúcida. Traslúcida significa que es clara o que se puede ver a través de ella.

Los osos grizzly pueden tener cuatro colores: castaño oscuro, castaño, castaño rojizo y rubio.

DATO CURIOSO
n el lomo tienen pelo con las puntas plateadas.

CASTAÑO OSCURO

CASTAÑO

CASTAÑO ROJIZO

RUBIO

Estos colores les permiten confundirse con lo que les rodea: hojas caídas, tierra, rocas y árboles.

DIEZ PIES

DATO INTERESANTE
Los osos polares pueden pararse en las patas traseras.

Los osos polares son los depredadores más grandes de los animales terrestres. Pueden medir hasta diez pies de alto. Aquí se muestra a un niño de cinco años junto a un oso polar.

OCHO PIES

8 PIES

DATO CURIOSO

Los osos grizzly también pueden pararse en las patas traseras.

Un oso grizzly en dos patas puede llegar a medir ocho pies de alto. Es mucho más alto que tú.

La pata de un oso polar es más grande que este libro.

TAMAÑO REAL DE LA GARRA

¿SABÍAS ESTO?

La pata del oso polar es ligeramente palmeada. Es como un remo: perfecta para nadar.

Huella de la pata delantera

Huella de la pata trasera

RECUERDA

Si ves las huellas de un oso polar, ¡presta atención! Los iñupiaq dicen: "Es posible que no veas al que te ataca".

stas son huellas de un oso grizzly. Las garras delanteras
ueden medir cuatro pulgadas de largo.

Huella de la
pata delantera

TAMAÑO REAL DE LA GARRA

DATO CURIOSO

Los humanos tienen uñas en las manos y en los pies. Los osos tienen garras. En cada pata tienen cinco garras largas y afiladas.

Huella de la
pata trasera

Los osos polares son excelentes nadadores. Pueden nadar más de cincuenta millas de una vez.

Los osos polares comen casi exclusivamente carne del océano: morsas, focas, leones marinos y peces. Las focas son su comida favorita.

DATO CURIOSO

Los osos polares nadan estilo perrito.

¿SABÍAS ESTO?

Un oso polar puede comerse a un humano, pero casi nunca sucede. No hay mucha gente que viva cerca de ellos.

Los osos grizzly son buenos nadadores, pero prefieren pararse en medio de un río para atrapar peces. Si un oso se para en el sitio adecuado, un salmón podría saltarle a la boca.

DATO INTERESANTE

Los osos grizzly comen salmón, trucha, manzana, bayas, miel y cualquier cosa que puedan agarrar. También comen alces, caribúes, roedores, ovejas, larvas y almejas.

DATO CURIOSO

Cada año los osos grizzly se comen algunas personas.

¡Abre grande! Los osos polares tienen dientes de carnívoro: caninos en el frente y enormes molares detrás.

Los osos grizzly tienen dientes similares a los de los osos polares.

Los osos grizzly tienen tan buen sentido del olfato que pueden detectar un animal muerto a diez millas.

Un oso polar puede correr a veinticinco millas por hora.
Más rápido que un humano. ¡Los osos polares pueden
ganarles a algunos caribúes!

¿Quién ganaría si pelearan? ¿El oso polar o el oso grizzly?

Los osos grizzly parecen lentos. Pero no te engañes.
Pueden ganarle a un humano con facilidad. ¡Son rápidos!

¿SABÍAS ESTO?

Un oso grizzly es
más rápido en tierra.
Un oso polar es
probablemente más
rápido en hielo.

Aquí está el esqueleto de un oso polar.

DATO CURIOSO

*Todos los osos polares
son zurdos.*

DATO INTERESANTE

*El oso malayo crece hasta cinco pies,
la altura promedio de un ser humano.*

El esqueleto del oso es similar al del ser humano. Cuatro extremidades, cinco dedos en las manos y en los pies, columna vertebral, costillas, cabeza, cuello y caderas.

Aquí está el esqueleto completo de un oso grizzly.

DATO TRISTE

El oso plateado mexicano fue cazado hasta que se extinguió.

DATO INTERESANTE

Los científicos han estudiado ADN de oso y piensan que el oso polar y el oso grizzly descienden del mismo animal. Cada uno se adaptó a su medio. Los osos polares prefieren el mar. Los osos grizzly prefieren la tierra. Sólo un experto osteólogo puede diferenciar sus huesos.

Los osos polares son animales solitarios. Rara vez se pelean entre sí, y casi siempre se mantienen alejados de los otros osos polares.

Los osos grizzly también son animales solitarios. Pero a veces, durante la migración del salmón, se ven grupos cazando juntos.

Los osos polares macho no hibernan. Se pasan todo el invierno buscando comida. Construyen cuevas de nieve para dormir durante una tormenta muy fuerte.

CUEVA DE NIEVE

Las hembras construyen una madriguera o cueva en la nieve y el hielo para pasar el invierno y cuidar de sus cachorros.

¿SABÍAS ESTO?
La hibernación es cuando el animal entra en un estado de reposo inactivo, con latidos del corazón más lentos, sin comer ni beber y con una temperatura corporal menor.

CUEVA EN LA ROCA

Justo antes del invierno, los osos grizzly comen tanto como pueden para engordar en preparación del largo sueño. Los osos grizzly tienen un profundo sueño invernal, pero no es hibernación de verdad. Pueden despertarse de repente y atacarte. En primavera, están hambrientos. ¡Cuidado!

ANÉCDOTAS GRACIOSAS SOBRE OSOS POLARES

Un submarino nuclear de la Marina de EE.UU. emergió en el hielo ártico y descubrió que algunos osos polares lo estaban espiando.

A veces los osos polares toman siestas en las posiciones más simpáticas.

Un famoso fotógrafo esperó durante días para tomarle una buena foto a un oso polar. Un día estaba almorzando en su camioneta, cuando vio algo sorprendente en el espejo retrovisor.

ANÉCDOTAS GRACIOSAS SOBRE OSOS GRIZZLY

Un hombre de Alaska entró a su casa y se encontró a un oso grizzly en el jacuzzi.

Un marino anclado en una bahía en Alaska se despertó por un ruido. Encontró a un oso grizzly caminando por su yate. Asustadísimo, lo ahuyentó empujándolo con un remo.

Usando una hamburguesa con queso, un turista atrajo a un oso grizzly hasta su auto. El muy tonto quería tomarle una foto a su mujer con el oso sentado a su lado. La mujer gritó, y el oso, confundido, huyó.

Es verano.

Un oso polar sale del hielo hasta una playa. Un oso grizzly sale del bosque.

Se ven. Se pueden oler. Los dos se detienen a mirarse. Entonces sucede. El oso grizzly embiste al oso polar, gruñendo y mostrando los dientes.

El oso polar se incorpora y levanta las patas, preparado para la batalla. Corriendo a toda velocidad, el oso grizzly tumba al oso polar.

El oso polar se levanta y devuelve el ataque. ¡Plaf! Le pega en la cara al oso grizzly. ¡Ay! Rasguñan, arañan y muerden. Es una pelea terrible.

Luchan y cada uno trata de sacar ventaja.

Ruedan por el suelo y se ensucian de arena y lodo.

¡El oso grizzly no se da por vencido y sigue luchando!

De pronto, el oso polar no ve la necesidad de seguir luchando. No hay razón para pelear hasta la muerte. El oso polar huye.

El oso grizzly ha ganado. Pero ahora está cansado y adolorido. Espera no volver a encontrarse con un oso polar. Estos dos osos son tan similares que la próxima vez el resultado podría ser diferente.

¿QUIÉN LLEVA LA VENTAJA?

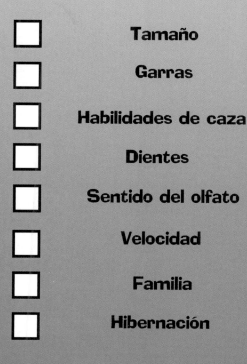

OSO POLAR

OSO GRIZZLY

OSO POLAR		OSO GRIZZLY
☐	Tamaño	☐
☐	Garras	☐
☐	Habilidades de caza	☐
☐	Dientes	☐
☐	Sentido del olfato	☐
☐	Velocidad	☐
☐	Familia	☐
☐	Hibernación	☐

Animal Life Cycles

By Joanne Mattern

Chapter 1
Growing Up Mammal

Animals change as they grow. How they change is called the **life cycle**.

Mammals are animals with fur or hair. Baby mammals drink milk from their mother's body.

Let's look at the life cycle of a mammal that you know—a cat.

Language Detective	Let's is a contraction. This means that two words have been combined into one new word. An apostrophe is used to show the letter or letters that have been taken out. What two words form let's?

Newborn kittens

Mother cat with kittens

The cat's life cycle begins at birth. A kitten is small when it is born. The kitten begins to see and hear at two weeks old, but it still needs its mother for food and safety.

At eight weeks old, the kitten can eat food. Now the kitten can <u>care for</u> itself.

In Other Words To <u>care for</u> means to do the things that are needed to keep someone or something safe. In Spanish, care for means preocuparse por.

Cat that no longer needs its mother's milk

Chapter 2
Good Eggs

Many animals, including birds, fish, and snakes, hatch from eggs.

Let's look at a young duck, or duckling. A duckling has to walk to <u>get around</u>. It cannot swim or fly when it hatches, and it stays close to its mother. The duckling can swim a day or two later, but it still cannot fly. The duckling needs its mother to stay safe.

In Other Words To <u>get around</u> means to move from place to place. In Spanish, get around means llegar.

Duckling hatching

nest

eggs

Duckling

What an Egg!

The ostrich lays the biggest egg in the world. Its egg can weigh about 3 pounds!

The duckling's body gets bigger, and stiff feathers replace soft ones. The duck can swim and fly by eight weeks old. It no longer needs its mother to survive. Ducks learn to fly and swim by instinct. This means that they do not have to be taught how to swim. Most animals' activities are not learned traits.

Adult duck with ducklings

Chapter 3
Really Big Changes

Mammals change as they grow. The biggest change is in their size.

Other animals go through a bigger change called **metamorphosis**. Metamorphosis changes an animal in a big way.

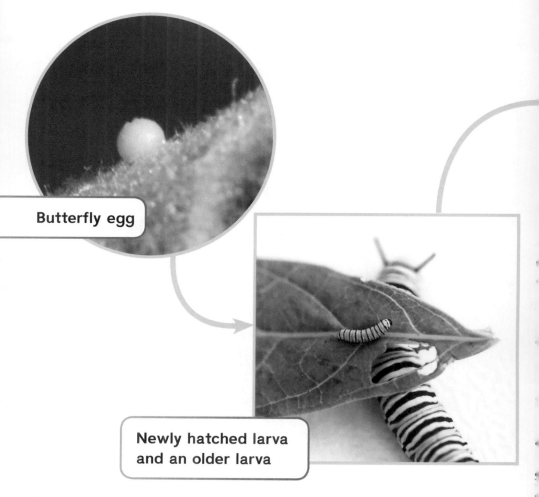

Butterfly egg

Newly hatched larva and an older larva

Through Four Stages

A butterfly is an insect. Female butterflies lay eggs. Caterpillars hatch from the eggs. The caterpillar is called a **larva**. The larva is the first stage of a butterfly's life cycle. A caterpillar has legs, but it does not have wings.

Caterpillar

7

The caterpillar eats and grows, but its skin does not grow. Soon, the caterpillar's skin becomes too small. It splits open, and the caterpillar crawls out. It now has shiny new skin!

When the caterpillar is grown, it finds a safe spot. There, it hangs upside down. A hard shell forms around its body. This shell is a **chrysalis**.

Language Detective	Conjunctions like "and" or "but" are used to connect ideas. Can you find another example on this page?

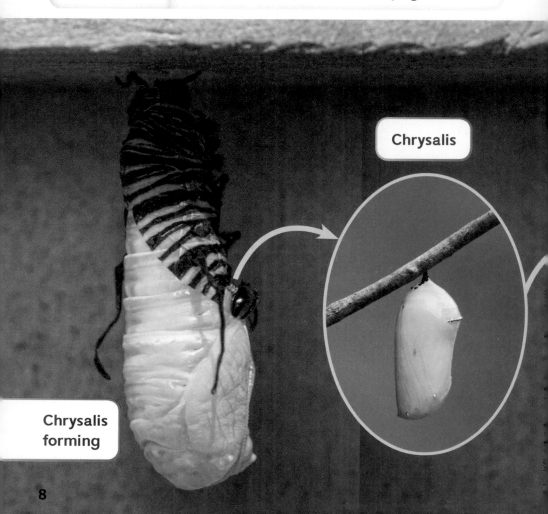

Chrysalis

Chrysalis forming

The chrysalis breaks open a few weeks later. A butterfly with wings crawls out!

Butterflies use their tongue to sip a sweet liquid from flowers. Soon, the female butterfly population lay their eggs on the bottom of leaves. The life cycle begins again.

Butterfly about to come out of the chrysalis

Adult butterfly

From Water to Land

A salamander also goes through metamorphosis. A salamander is an amphibian. Amphibians are a group of animals that live part of their life in water and part of their life on land. Salamanders hatch from eggs as a larva.

A salamander lives in water for three months. It has gills so that it can breathe. It eats and grows.

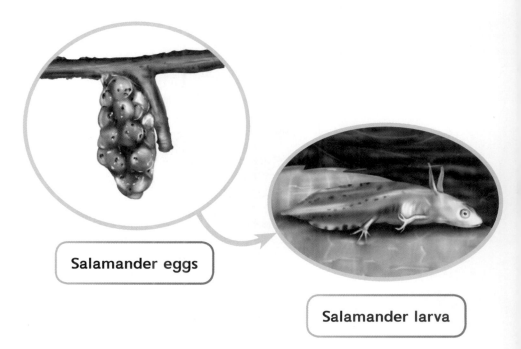

Salamander eggs

Salamander larva

The salamander's body it loses its gills in the summer when it is warm enough to survive on land. This is an environmental trait. It grows lungs to breathe air. Now it moves onto land.

The next spring, females lay their eggs in the water. The cycle begins again.

Every animal has a life cycle. When you see a newborn animal, remember that a new life cycle has just begun!

Young salamander

Adult salamander

Respond to Reading

Summarize

Use important details to summarize Animal Life Cycles. Your graphic organizer may help you.

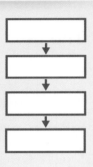

Text Evidence

1. Why does a caterpillar's skin split as it grows? Why don't all animals shed their skins as they get bigger?

2. Read Chapter 3 again with a partner. Fill in a sequence chart. Show the stages in a salamander life cycle. SEQUENCE

3. What is the meaning of the word stage on page 7? What is another meaning for the word stage? Look for text clues on page 7. What clues show you which meaning? HOMOGRAPHS

4. You have been turned into a butterfly larva! Write a short story. Describe what it is like as your body changes. Use a sequence chart to help organize your thoughts. WRITE ABOUT READING

Compare Texts

Read how science helps a brother and sister observe the life cycle of a frog.

Wait for Me!

A girl called to her brother, "Wait for me!". They ran to the pond near their farmhouse. The girl looked in the water to see if the tadpole eggs had hatched. The children checked the tadpoles every few days. "Look!" the boy said. He pointed to the tiny creatures with long tails.

The tadpoles developed a head and four legs over the next few weeks. They still had a tail. The girl said, "They look more like frogs now." Soon the frogs lost their long tails. One day, a frog jumped out of the water. It jumped away. "Wait for me!" the girl said. The frog didn't wait.

Make Connections

How does watching a tadpole grow into a frog help the children understand the life cycle of other animals? TEXT TO TEXT

Glossary

amphibian *(am-FIB-ee-uhn)* an animal that lives part of its life in water and part of its life on land *(page 10)*

chrysalis *(KRIS-uh-lis)* the hard, outer shell that covers a caterpillar while it changes into a butterfly *(page 8)*

larva *(LAHR-vuh)* the first stage of life of an amphibian or insect before it goes through metamorphosis *(page 7)*

life cycle *(LIFE SYE-kuhl)* how a certain kind of organism grows and reproduces *(page 2)*

mammal *(MAM-uhl)* a warm-blooded animal with a backbone and hair or fur; female mammals produce milk to feed their young *(page 2)*

metamorphosis *(met-uh-MOR-fuh-sis)* the process in which an animal changes shape *(page 6)*

Index